JN024721

遊びながら身につける

運動の基本、ストレッチ

監修
株式会社ウィンゲート代表
遠山健太

きみも体育が
1
すきになる

岩崎書店

\ 遊びながら身につける /

運動の基本、ストレッチ
もくじ

自分を調べる

運動の基本

ストレッチ

－この本の特色－

▶動画で解説を見られる

動画で解説を見られるものには、コードがついています。スマートフォンやタブレットのカメラでこのコードを写して URL を読みこむと、動画を見ることができます。使い方がわからない人は、大人に聞きましょう。　　　　　　　※動画を見るためには通信料がかかります。

ハサミ歩き
ストレッチ

運動の基本

ジャンプはどんな運動にも役立つ

遊んでいるときや、うれしいときには、自然にジャンプしているもの。運動するときも同じように、いろいろな場面でジャンプを使います。

音楽に合わせていろいろなジャンプをやってみよう

▶身につく運動能力がわかる

運動が得意になるために大切な能力を示すマークです。その能力が身につく運動に表示しています。くわしくは 1 巻の 14 ページを見てください。

リズム感
リズム感がある

バランス能力
バランスがとれる

きりかえ能力
パッとすばやく動きを切りかえられる

反応能力
合図に対して正しく反応できる

スムーズさ
体ぜんぶをスムーズに動かせる

道具コントロール能力
道具をうまく使える

きょり計算能力
ものとの距離感をつかめる

体力テストの結果を見てみよう

体育をすきになるために、体力テストの結果をじょうずに生かしましょう。
自分の得意なものや、去年よりよくなったものはなにかな?

考えてみよう

? そもそも体力テストって
どんな意味があるんだろう?

成績のため?

➡ 自分を知る
きっかけになる

体育がすきでない人は、体力テストっていやだな、と感じているかもしれません。なんでもすごくできる人がいるのに、自分の結果があまりよくないと、がっかりしますよね。でも、結果をほかの人と比べる必要はありません。大切なのは、自分のいいところを見つけ、運動をすきになるためにじょうずに生かすことです。

だからABCDEの結果は気にしないようにしましょう。まずやってほしいのは、いろいろな種目の結果から、なにが得意なのか見つけること。今は運動がそれほどすきではなくても、得意なことなら、きっとすきになれます。

やってみよう

体力テストの結果を見直してみよう

ＡＢＣＤＥの成績は気にせず、結果を見てみましょう。気づかなかった得意なことが見つかるかもしれません。結果は、体の成長とも関係が深いです。成長は人それぞれなので、まわりと比べる必要はありません。

ここを見直す１

自分が得意なものを見つけよう

体力テストの得点表と自分の結果を見比べてみましょう。その中で、いちばん得点の高い種目が、きみの得意なこと。これからも自信をもって取り組みましょう。

ここを見直す２

これまでの自分の結果と比べてみよう

去年までの結果が手元にあれば、今の自分の結果と比べてみましょう。よくなっている種目はないかな？　体が成長して、にがてな種目が得意な種目になることもあります。

ここを見直す３

もう少しがんばれそうな種目がないか探してみよう

今はにがてだけれど、もう少しがんばれるかもしれない、という種目を探してみましょう。その種目に役立ちそうな遊びをちょっと増やすだけでも、結果がよくなるかもしれません。

ＡＢＣＤＥの結果は気にしなくていいんだね！

きみの体力を動物にたとえることができるよ。⇨

次のページで体力テストの結果を使って調べてみよう。

体力テストからわかる きみの動物タイプ

みんな性格がそれぞれちがうように、体力の特長もちがいます。
きみの体力の特長を動物にたとえたら、どんな動物になるかな？

やってみよう

体力テストから きみの動物タイプを 見つけよう

体力テストの点数を比べて、質問に答えていきましょう。点数が同じ場合は、「自分が得意だと思うほう」や「自分がすきだと思うほう」を選びます。

反復横とびと
立ちはばとび
どちらが得意？

反復横とび
が得意！

立ちはばとび
が得意！

持久走
（20m シャトルラン）と
50m走
どちらが得意？

持久走が得意！

50m走が得意！

反復横とびと
立ちはばとび
どちらが得意？

反復横とび
が得意！

立ちはばとび
が得意！

毎年やってみよう。
動物タイプが変わるかも！

6

6～7ページのチャートや8～9ページの動物タイプは、
「マイスポ」（一般社団法人健康ニッポン）をもとに作成しました。
http://myspo.tv/（右のコードからアクセスできます）

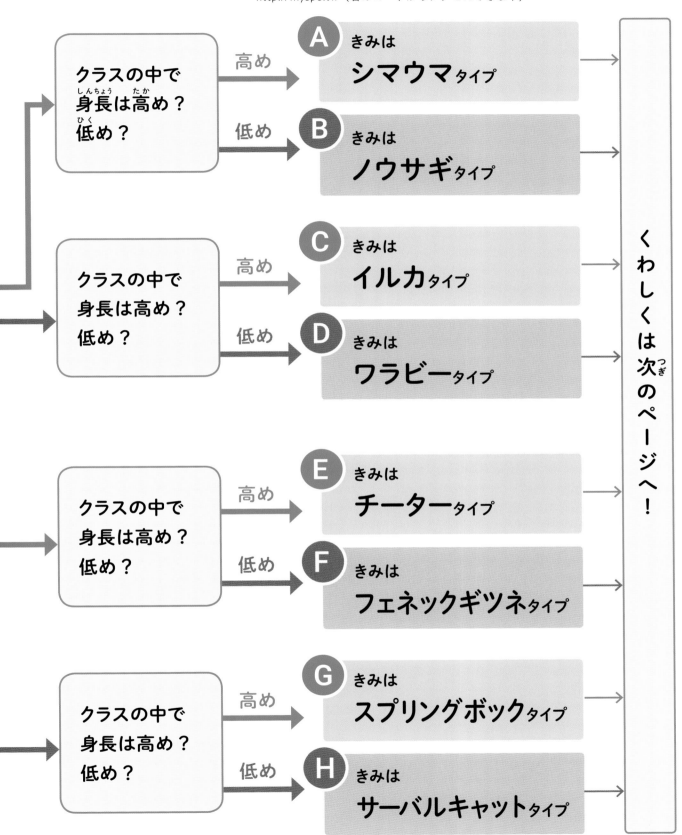

Box: クラスの中で身長は高め？低め？
高め → A きみは シマウマタイプ
低め → B きみは ノウサギタイプ

Box: クラスの中で身長は高め？低め？
高め → C きみは イルカタイプ
低め → D きみは ワラビータイプ

Box: クラスの中で身長は高め？低め？
高め → E きみは チータータイプ
低め → F きみは フェネックギツネタイプ

Box: クラスの中で身長は高め？低め？
高め → G きみは スプリングボックタイプ
低め → H きみは サーバルキャットタイプ

Right: くわしくは次のページへ！

クラスの中で身長（しんちょう）は高（たか）め？低（ひく）め？
- 高め → **A** きみは **シマウマ**タイプ
- 低め → **B** きみは **ノウサギ**タイプ

クラスの中で身長は高め？低め？
- 高め → **C** きみは **イルカ**タイプ
- 低め → **D** きみは **ワラビー**タイプ

クラスの中で身長は高め？低め？
- 高め → **E** きみは **チーター**タイプ
- 低め → **F** きみは **フェネックギツネ**タイプ

クラスの中で身長は高め？低め？
- 高め → **G** きみは **スプリングボック**タイプ
- 低め → **H** きみは **サーバルキャット**タイプ

くわしくは次（つぎ）のページへ！

きみにぴったりのスポーツはこれだ！

動物タイプから、きみに向いているかもしれないスポーツがわかります。気になるスポーツは、ぜひやってみましょう。

A シマウマタイプ

身をかくすためのしま模様が特徴的ですが、運動も得意。ジグザグとすばやく動きながら、持ち前の持久力で遠くまで走れます。

すばやい動きを長時間行うスポーツ が向いている！

- テニス
- バドミントン
- ダンス
- ハンドボール

B ノウサギタイプ

森や草原にすむウサギで、大きくありませんが運動に向いた体つきをしています。身のこなしが軽く、時速 80km でも走れます。

すばやい動きを長時間行うスポーツ が向いている！

- サッカー
- スポーツクライミング
- 登山
- レスリング

C イルカタイプ

イルカといえばジャンプですが、速い泳ぎも得意です。また、眠っていても泳ぎ続けられる持久力の持ち主でもあります。

ねばり強くパワーを出すスポーツ が向いている！

- 競泳
- ボート／カヌー
- 剣道
- スキー

D ワラビータイプ

カンガルーの仲間です。体は小さめですが、カンガルーのような力強い後ろ足で長距離を移動し、強いキックができます。

ねばり強くパワーを出すスポーツ が向いている！

- マラソン／トライアスロン
- フットサル
- トランポリン
- フィギュアスケート

実は体力の特長によって、向いているスポーツがあります。たとえば、どんなに短距離走が速い選手でも、長距離走の大会に出たら勝てないだろうと想像ができますね。

きみの動物タイプをもとに、どんなスポーツが向いているか、見てみましょう。気になるスポーツはありましたか？

なかにはもうなにかスポーツを始めている人もきっといるでしょう。この結果から、そのスポーツが自分に向いているかわからなくても、それをやめる必要はありません。でも、いろいろなスポーツをやると、運動もどんどん得意になっていきます。結果の中に興味がわいたスポーツがあれば、ぜひやってみてください。

E チータータイプ

走るのが速い動物として知られています。えものを追いかけるため、足が速いだけでなく急な方向転換も得意です。

サッとすばやく動くスポーツ
が向いている！

・バスケットボール　・ラグビー
・バレーボール　・ホッケー／アイスホッケー

F フェネックギツネタイプ

砂漠にすむキツネの仲間。大きな耳が特徴で、遠くの音まで聞こえます。夜になると、得意のすばやい動きでえものをつかまえます。

サッとすばやく動くスポーツ
が向いている！

・卓球　・野球／ソフトボール
・柔道　・スノーボード

G スプリングボックタイプ

サバンナの動物で、3m以上の大ジャンプが得意技。仲間に危険を知らせ、敵に力を見せつけます。足も速く、時速100kmにも。

一瞬でパワーを出すスポーツ
が向いている！

・陸上競技（短距離、ジャンプ種目）
・空手　・自転車競技

H サーバルキャットタイプ

ネコの仲間で、飛んでいる鳥をつかまえられるほどのジャンプ力の持ち主。かけっこも木のぼりも水泳も得意な、器用な動物です。

一瞬でパワーを出すスポーツ
が向いている！

・体操競技　・フェンシング
・スポーツフィッシング　・ゴルフ

だれでも運動は得意になれる

運動が少しでも得意になれたら、体育もすきになれる気がしませんか？
運動じょうずになるには、体を動かすことがいちばんです。

考えてみよう

?

運動ができる・できないは生まれつき？

生まれつき
運動神経が
いいのかな？

スポーツに
向いている
体つきなのかな？

➡ 運動の"けいけんち"を
増やすと運動ができるように

　一流スポーツ選手のすごいプレーを見ていると、この人たちは生まれつき運動神経がよかったのだろう、と考えたくなります。しかし、生まれつきもっている能力は、すごいスター選手もふつうの人も、実はあまり変わりません。

　運動神経がいいというのは、体のいろいろな部位を思いのままに動かして、じょうずに運動ができること。そのために最も必要なのは、生まれつきの素質ではありません。それよりも大切なのが、子どものころに遊びなどでいろいろな体の動きを経験していること、つまり運動の"けいけんち"が高いことです。

　子ども時代にいろいろな動きを経験していると、走る、ジャンプする、投げる、けるなど、スポーツにつながる動きも、すぐにできるようになります。運動はにがて、と感じている人だってだいじょうぶ。きっと運動が得意になっていきます。

考えてみよう ? どうしたら
運動の"けいけんち"が
上がるかな？

➡ 体育やスポーツにかぎらず、
たくさん体を動かそう

そうじ

実は運動の
けいけんちも
上がる

ぞうきんがけは、足と手を同時に動かす意外にむずかしい運動です。学校のつくえ運びやはきそうじでもけいけんちが上がります。

外遊び

自由に遊ぶだけで
けいけんちアップ！

おにごっこや遊具遊び……いろいろな動きをするので、どんな運動にも役立つけいけんちを増やせます。

スポーツ種目

種目に関する
けいけんちが
上がる

スポーツ種目に必要な運動のけいけんちを上げることができます。いろいろな種目に取り組むのがおすすめです。

運動の基本

運動じょうずに
なるためのヒケツ

たとえば筋肉だけをつけても、なかなか運動は得意になれません。
いろいろな力をつけるのが運動じょうずになるヒケツです。

考えてみよう

？ 運動がじょうずになる
ヒケツはあるのかな？

➡ 運動に大切な
3つの "能力" を
つけていこう

2 体の
やわらかさ

1 筋力を
発揮する能力

3 思ったとおりに
体を動かす能力

運動がじょうずになるのに必要な3つの能力があります。テニスのプレーで説明しましょう。

第1の能力は「筋力を発揮する能力」です。ボールを強く打ち返すには、ラケットをすばやくふりぬく筋力や、ボールに押されない筋力が必要です。ボールを追ってダッシュするときも、筋力を使います。

第2の能力は「体のやわらかさ」。テニスでは体のひねりを利用してボールを打ちます。しっかりひねるために、体のやわらかさが必要です。

第3の能力は「思ったとおりに体を動かす能力」です。飛んでくるボールに合わせ、ちょうどよい角度でラケットを当てるには、自分の体を思いのままにあやつれる必要があります。

この3つの能力をあわせもっていると、どんな運動でもこなせるようになっていきます。

3つの"能力"を身につけるために 特別なトレーニングはいらない

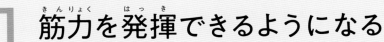

きつい筋トレ!?

1 筋力を発揮できるようになる

重いものを持ち上げたり、スピードを出したりするには筋力をうまく発揮することが必要です。瞬間的に力を出すこと（瞬発力）だけではなく、力をねばり強く出し続けること（持久力）もこの能力に入ります。

これで身につく

・うんてい（上半身の筋力）
・なわとび（下半身の筋力）
・ボウリング（体を支える筋力）

なわとび

代わりに

2 体をやわらかくする

どんなに力があっても、体がかたければ動きが小さくなってしまうため、思うような力は出せません（くわしくは32ページ）。体を大きく動かすのに重要な股関節や肩の関節などがスイスイ動くのが理想です。

これで身につく

・ダンス（→2巻）
・ラジオ体操
・体を動かすストレッチ（→36ページ〜）

無理な柔軟体操!?

ダンス

代わりに

3 思ったとおりに体を動かせるようになる

　体のもっている力をぜんぶ引き出すためには、思ったとおりに体を動かせる能力が欠かせません。この能力は分類すると、下のように、大きく7つに分けられます。この7つがバランスよく身につくと、「身のこなしがいい人」「運動のセンスがいい人」になれるはずです。自転車の例で見てみましょう。

思ったとおりに体を動かすための7つの能力

 ♪ **リズム感がある**

　体を動かすタイミングをつかむ能力。ジャンプやボール投げで役立ちます。自転車こぎも、ペダルを一定のリズムでこぐことでスムーズに前へ進みます。

こんな遊びがおすすめ

・スキップ　・なわとび（→4巻）

 バランスがとれる

　不安定な場所で立ったり、くずれた姿勢を立て直したりする能力。この能力のおかげで、自転車をたおさず、まっすぐ走らせることができます。

こんな遊びがおすすめ

・ケンパ遊び（→3巻）
・四股ふみ（→28ページ）
・だるまさんがころんだ

 **パッと
すばやく動きを
切りかえられる**

　パッと方向転換したり、状況に応じて動作を変えたりする能力。自転車で考えると、ものをよける、のぼり坂でペダルをふむ力を強くするといった場合に使う能力です。

こんな遊びがおすすめ

・おにごっこ（→25ページ）
・いろいろなボールで的あて

自転車に
乗るだけでも
いろいろな能力を
使っているよ

反応能力
合図に対して正しく反応できる

音などにすばやく、しかも正しく反応する能力。自転車では、急に目の前に人があらわれてとっさにブレーキをかけるときに使います。

こんな遊びがおすすめ

・音と同時にダッシュ
・後ろから飛んでくるボールをキャッチ

音に反応する遊びは、あぐらや寝そべった姿勢から立って走り出すなど、自由にルールをつくれます。

道具コントロール能力
道具をうまく使える

ラケットやボールをじょうずにあつかえる能力。前を見ながら自転車をうまく操作できるのは、この能力のおかげです。

こんな遊びがおすすめ

・お手玉、ジャグリング
・スポーツ種目

スムーズさ
体ぜんぶをスムーズに動かせる

2つ以上の動作を同時に行う能力です。自転車に乗るときにも、うではハンドルを操作しながら、足でペダルをこいでいます。

こんな遊びがおすすめ

・うでを上下に動かしながらサイドステップ
・リズムよく右手で左足を、左手で右足をタッチ

きょり計算能力
ものとの距離感をつかめる

ものとの距離感をつかんで、それを頭の中で計算して動く能力です。自転車でも、信号に気づいたときに、どのタイミングでブレーキをかければよいのかを自然と計算しています。

こんな遊びがおすすめ

・回りながらボールをキャッチ
・リフティング

ボールを投げている間に、くるりと1回転できるかな？　できる人は手拍子も入れてみましょう。

運動の基本

ピンとまっすぐ立てるかな？

ふだん当たり前にやっている「立つ」ことも、実は運動の基本のひとつ。きちんと立とうとすると、意外とむずかしいかも？

やってみよう

鏡の前に立って自分の姿を見てみよう

あごや肩が前に出ていないかな？

背中はピンとしてるかな？

前かがみになっていないかな？

ひざが曲がっていないかな？

自分の立ち姿を鏡で見たことがありますか？　左右にかたむいたり、ねこ背になっていないか見てみましょう。

まっすぐ立つなんて、だれだってできると思うかもしれません。でも、実際には、背中が丸くなっていたり、頭や肩が前に出ていたりする人がたくさんいます。ゲームを長時間続けたりすると、まっすぐ立っているつもりでも、こんな姿勢になっていることがあります。

右ページのように、かべを利用して、ピンとまっすぐ立ってみてください。いつもの姿勢と同じでしたか？　いつでも、こんな姿勢で立てるようになるのが理想的です。

立っているときの姿勢は運動の基本です。姿勢などは運動とは関係がないように思えるかもしれませんが、まっすぐ立てることが、いろいろな運動がじょうずにできるようになるための第一歩なのです。まっすぐ立てるようになると、歩く姿勢や走る姿勢もよくなります。

目標を決めて そこまでジャンプ！

1 高いところに あるものにタッチ

ここがコツ！

ジャンプする
タイミングで
うでを引き上げる

ここがコツ！

うでを
しっかりふる

ここがコツ！

空中で
体をのばす

身近な高いものにタッチ。垂直とびの動きです。うでと足のタイミングをうまく合わせましょう。

2 なにかをとびこえる

ここがコツ！

ふみきる手前は
歩はばを小さく

ここがコツ！

うでは
体を引き上げる
ように

走りはばとびの動きです。走って勢いをつけたら、目標のところまでジャンプ！「タ・タ・ターン」という調子でリズムよくふみきります。片足でふみきれたら、次は両足でも。

じょうずにバランスをとれれば転ばない

体を支える力をつけて、うまくバランスがとれるようになれば、転ぶことも少なくなります。友だちと遊びながら身につけましょう。

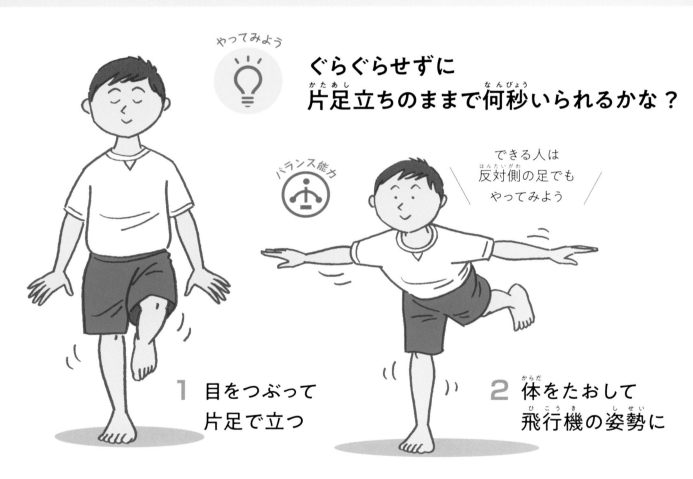

やってみよう

ぐらぐらせずに片足立ちのままで何秒いられるかな？

バランス能力

できる人は
反対側の足でも
やってみよう

1 目をつぶって片足で立つ

2 体をたおして飛行機の姿勢に

体のバランスをとる能力は、どんな運動をするのにも必要です。じょうずにバランスをとれれば、体を安定した姿勢に保つことができるし、不安定な姿勢から安定した姿勢にもどすこともできます。そのため、転びそうになっても転ばなくてすむし、バランスのとりにくい空中でも、じょうずに姿勢を保つことができます。

バランス能力を高めるには、体のかたむきを感じとる力と、体を支える筋肉をきたえる必要があります。そのためには、いろいろな遊びをするといいのですが、ここに紹介するような遊びもおすすめです。

体のバランスがとれていると、自然とおなかに力が入りますし、17ページのように背骨がきれいなカーブをえがいた姿勢になっています。そんな点に注意しましょう。

うつぶせからどちらがはやく飛行機の姿勢になれるか勝負！

バランス能力　反応能力

1 うつぶせの状態から合図で起き上がる

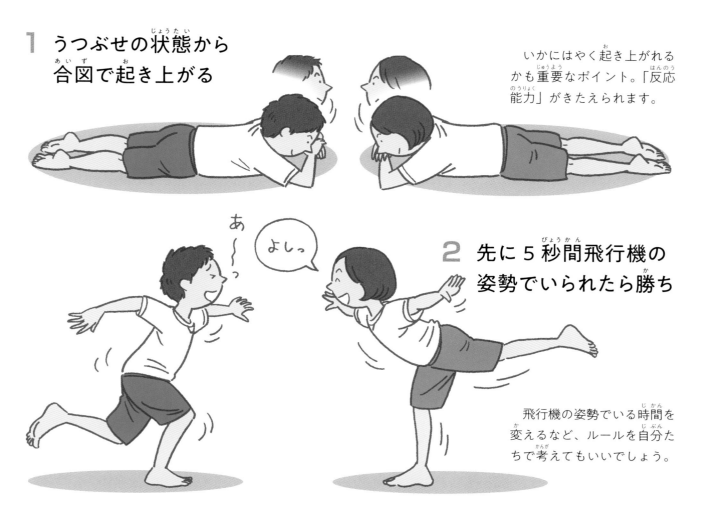

いかにはやく起き上がれるかも重要なポイント。「反応能力」がきたえられます。

あ〜っ

よしっ

2 先に5秒間飛行機の姿勢でいられたら勝ち

飛行機の姿勢でいる時間を変えるなど、ルールを自分たちで考えてもいいでしょう。

もっとできる人はやってみよう！

風船バレーボール

　風船を落とさずに何回つけるか、風船バレーボールをやってみませんか。できるだけ頭の上で風船をつきましょう。慣れてきたら、風船をついたあとに1回転するルールを追加すると少しむずかしくなります。
　この風船バレーボールでは、体のかたむきを感じる能力をきたえることができます。

公園で遊ぶだけで運動は得意になる

運動はあまりすきではなくても、遊ぶのがすきな人はきっと多いはず。
いろいろな遊びをして、運動のけいけんちをもっと高めましょう。

やってみよう

校庭や公園ですきなように遊ぼう

広い場所を使って遊ぶもよし、遊具を使って遊ぶもよし。大切なのは楽しく遊ぶこと。本気で遊ぶと「動きながら考える」という力もつきます。

すべり台
きょり計算能力　バランス能力

缶けり
反応能力　きりかえ能力　スムーズさ

ホッピング
バランス能力　スムーズさ　遊具コントロール能力

高おに
反応能力　きりかえ能力　スムーズさ

運動が得意になるための近道は、校庭や公園で自由に遊ぶこと。特別な公園である必要はなく、どこにでもあるふつうの場所でかまいません。たくさん遊ぶほど運動が得意になります。

なぜなら、公園で遊んでいると、気づかないうちに、いろいろな体の動きを経験できるからです。おにごっこをすれば全力で走るし、つかまらないように体をひねったりします。ブラン コ、てつぼう、ジャングルジムなどの遊具があれば、動きの種類はもっと増えます。いろいろな遊具で遊ぶために、いつも同じ公園ではなく、ちがう公園にも行くといいでしょう。

体操教室などで決まった運動をくり返すのに比べると、公園で楽しく遊ぶほうが、ずっと多くの体の動きを経験できます。すると、いろいろな運動能力をのばすことができるのです。

ゾーン決めおにごっこ

きりかえ能力　スムーズさ　反応能力

いろおに

反応能力　きりかえ能力　スムーズさ

増えおに

きりかえ能力　スムーズさ　反応能力

やってみよう

いろいろなルールでおにごっこ

ルールを工夫すると、走る以外にも、いろいろな力が身につきます。せまいスペースなら「かわす」力、広いところなら持久力がつくので、いろいろな場所でやるとおもしろいでしょう。

25

ジャングルジムを
めいっぱい使って遊ぼう

ジャングルジムは、自然といろいろな動きができる遊具。のぼり下りはもちろん、ぶら下がる、わたり歩きする、くぐるなど、ちがう動きをいくつできるかな？

1 てっぺんをめざす

まずはジャングルジムのてっぺんをめざしてのぼってみましょう。それだけで、にぎる力がつき、足のうらがきたえられます。

2 ジャングルジムで
おにごっこ

落ちないように気をつけながら、おにごっこをやってみましょう。「地面に足をつくのはダメ」などのルールをつくれば、さらに盛り上がるかもしれません。

3 落ち葉キャッチ

高いところから落ち葉をふらせて、下でキャッチ。季節によっては、桜の花びらや落ち葉が自然に落ちてくるのをキャッチしても楽しいでしょう。

落ち葉の代わりに
しゃぼん玉を使うのも楽しそう！
つぶしてもいいし
よけてもいいね

いろいろなものに のぼってみよう

なにかにのぼるときには、自然といろいろな力を使っています。足でのぼれば走る力がつくし、うでを使ってのぼれば、にぎる力や引っぱる力がつきます。

1 プチ山のぼり

山のようなすべり台を見つけたら、すべるだけでなく、のぼってみるのもおすすめです。助走をつけて、一気にのぼれるかな？

バランス能力　スムーズさ

※ すべるところとのぼるところが分かれているふつうのすべり台では、すべるところを逆にのぼるのはやめましょう。

2 ロープのぼり

※ ロープは自分で準備せず、遊具に備えつけられたもので遊びましょう。

バランス能力　スムーズさ　道具コントロール能力

ロープのぼりは、うでの力を使ってのぼる遊びですが、うでだけでのぼるのはかなり大変。足をうまく使いましょう。

バランス能力
スムーズさ
きょり計算能力

3 かべのぼり

かべのでこぼこに手や足をかけてのぼる「ボルダリング」をやってみましょう。手や足に力がつくのはもちろん、足を開くので股関節がやわらかくなります。

4 木のぼり

のぼってもいい大きな木があったら、木のぼりも楽しいです。どこに足をかければいいか、この枝は体重をかけても平気かなどと考えるのも運動に役立ちます。

外で遊べない日はすもうで勝負！

室内でも体を使って遊べます。本気ですもうをやったことは
ありますか？　力任せだけではない、かけひき勝負を楽しみましょう。

やってみよう

対戦前に
四股をふんでみよう

バランス能力

1 片足を高く上げる

やるぞー！

2 地面をしっかり
ふみつける

よいしょー

公園などで外遊びができないときでも、運動能力をのばすのにぴったりの遊びがあります。それがすもうです。室内でできる全身運動といってよいでしょう。相手を押したり、押されないようにふんばったりすることで、下半身の筋力がきたえられます。上半身の筋力も、相手を押したり引いたりすることで強化されます。

すもうには、相手が押してきたときに、体を引いて相手のバランスをくずすというワザがあります。押したり引いたりするのは、バランス能力をきたえるのに役立ちます。

どうやったら勝てるか、いろいろ考えながらやってみましょう。体の大きな相手でも、タイミングよく引いてバランスをくずせば、勝てるかもしれません。テレビですもうを見て研究するのもいいでしょう（→ 44 ページ）。

やってみよう

組み合って対戦してみよう

きりかえ能力　スムーズさ　バランス能力　反応能力

のこった
のこった！

組み合った姿勢から、押し合って勝負。力勝負だけでなく、ときには引いてバランスをくずさせる戦法を使ったりすると、もっと楽しくなります。

本格的にやるなら

よーい……

大相撲のように、向かい合って始める方法も。「よーい」と声を合わせましょう。ケガをしないよう、ぶつかる強さには気をつけます。

もっとできる人はやってみよう！

新しいすもうを考えてみよう

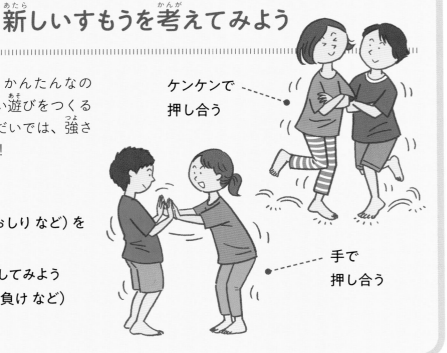

すもうのルールはとてもかんたんなので、少し工夫すれば、新しい遊びをつくることができます。ルールしだいでは、強さが逆転することもあるかも！

ルールを考えるヒント
・押し合う体の部位（例：おしり など）を工夫してみよう
・勝ち負けのルールを工夫してみよう
（例：バランスをくずしたら負け など）

ケンケンで
押し合う

手で
押し合う

大人の方へ ▶　室内ですもうをとるときは、ケガをしないよう、ふとんをしいて行うと安心。ぶつけるとあぶないので、動かせるものはできるだけ移動しておきましょう。

コラム 自分の「いち推し」公園を見つけよう

近所の公園で遊ぶのもいいですが、さらにワクワクする公園を求めて、
公園めぐりをしてみませんか？　おすすめ公園を参考に、
ぜひ友だちにすすめたいきみの「いち推し」公園を探してみましょう。

おすすめ公園 1

アスレチックも自然も広場もある公園

　理想的なのが、アスレチック遊具と自然、広場の３つがそろっている公園。こんなに大きな遊具があったら、みんなワクワクするはず。

中にも遊具が。
遊び方は無限大

しばふの広場ではおにごっこをしてもいいし、バドミントンやキャッチボールをしても楽しそう。
▲汐入公園（東京都荒川区）

さくで囲まれた広場なら、ボール遊びも思いきりできます。

公園の探し方

1 ホームページから

「〇〇市（住んでいる市区町村の名前）」と「公園」を検索します。おもしろそうな公園があったら、地図でも見てみましょう。

2 地図から

自分の住んでいる場所の地図から、公園を探します。実際に足を運んでみて、おもしろい公園を探すのも楽しいかもしれませんね。

3 クチコミから

友だちやまわりの人に、「今までに行ったおもしろい公園」の情報を聞くのもひとつの方法。教えてくれた人と遊びに行くのもいいでしょう。

山の散策も
楽しいかも

おすすめ公園2

ぐるっと回れる
日本庭園

池のまわりを歩く日本庭園は、でこぼこ道、とび石など、おもしろい道がたくさん。自然を楽しみながら、ぐるっと歩いているうちに、けっこうな運動量になっています。

とび石で
アスレチック気分

▲肥後細川庭園（東京都文京区）

▼サンシャインワーフ神戸（兵庫県神戸市）

写真提供：株式会社オートバックスセブン

おすすめ公園3

スゴい
遊具のある公園

「県でいちばん〇〇な遊具」を体験するのもおもしろいです。まずは「県でいちばん長いすべり台」を探してみては？　兵庫県神戸市には、なんと「世界一長いうんてい」も！

ストレッチ 体をやわらかくするにはストレッチを

運動じょうずになるために大切なもののひとつが、体のやわらかさ。
体を大きく動かす役割のある4つの関節に注目してみましょう。

? 考えてみよう
体がやわらかいと どんないいことがあるかな？

→ 運動が
じょうずになる

→ つかれ
にくくなる

→ ケガしづらくなる

　運動をしていると、よく「体がかたい」「体がやわらかい」と聞きます。では、体がやわらかいとはどういうことでしょうか。

　体がかたい人は筋肉があまりのびません。そのため、関節を動かせる範囲がせまく、動きがぎこちなくなります。一方、体がやわらかいと関節を動かしやすく、体の動きが大きくしなやかになります。また、関節の動く範囲が広いと、運動をしてもつかれにくいし、ケガもしにくくなります。つまり運動じょうずになるには、体をやわらかくするといいのです。

　体をやわらかくするには、筋肉をのばすストレッチが効果的です。ストレッチには、止まった姿勢でグーッとのばすものと、関節などを大きく動かすものの大きく2つがあります。ケガの防止には止まった姿勢のストレッチを、しなやかな動きを身につけるには、体を動かしながら行うストレッチをするといいでしょう。

やってみよう

体の4つの関節の やわらかさを 調べてみよう

体にはたくさんの関節がありますが、なかでもとくにやわらかくしておきたいのが、肩、胸・背中（とくに上のほうの背骨）、股関節、足首。走ったり、投げたり、基本的な運動をするときに大切な役割をはたします。

> この4つの部分が
> やわらかいと
> 体が動かしやすく
> なるんだね

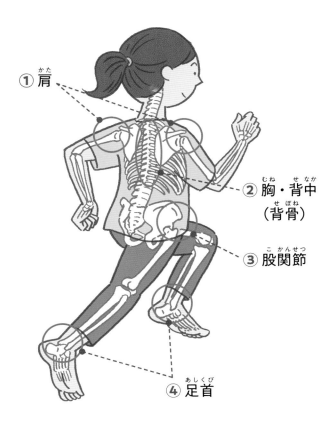

調べるところ

① 肩

② 胸・背中 （背骨）

③ 股関節

④ 足首

---

1 肩の関節のやわらかさ

> 手がとどく
> かな？

調べ方 　○以上をめざそう！

・背中に手を回し、
　あくしゅができるかやってみる

・上の手と、下の手がどうなっているか
　まわりの人に見てもらおう

・上下の手を逆にしても差がないようにしよう

あくしゅができる	◎
指で引っかけられる	○
指どうしでさわれる	36 ページへ
まったくさわれない	

2 胸・背中の関節のやわらかさ

ゆかに手が
つくかな？

調べ方　〇以上をめざそう！

・はだしになる
・足をそろえてまっすぐ立ち、
　ひざをのばして体を前に曲げる
・勢いをつけず、ゆっくり行う
・手をゆかにどれだけつけられるか見る

手のひら全体がゆかにつく	◎
指のつけ根がゆかにつく	〇
指の先がゆかにつく	38ページへ
ゆかがさわれない	

3 股関節のやわらかさ

どのくらい足を
開けるかな？

ここを測る

調べ方　〇以上をめざそう！

・かべに頭、背中、おしり（腰）をつけて座り、
　足をできるだけ開く
・足を開いたまま、両足のかかととかかとの
　距離を測る
・測った距離を身長でわる
　（例：測った距離100cm÷身長120cm＝0.83）

計算結果　1.2以上	◎
計算結果　1.0〜1.19	〇
計算結果　0.8〜0.99	40ページへ
計算結果　0.79以下	

4　足首の関節のやわらかさ

足のうら全体を
ゆかにつけたまま
しゃがめるかな？

これなら○

調べ方　○以上をめざそう！

・足を腰はばに開く
・ひざが外を向いたり、内側に向いたりしない
　ようにしゃがんでいく
・できるだけかかとが浮かないようにしながら、
　手を背中で組めるかやってみよう

かかとが浮かずに手を背中で組める	◎
かかとが浮かずに手を横にたらすことができる	○
かかとが浮かずにしゃがめる	42ページへ
かかとが浮いてしまう	

まめちしき

運動をするときは、最初に体をほぐすとケガを防げる

　今後おぼえておきたいのが、ウォームアップ（準備体操）とクールダウン（整理体操）です。
　ウォームアップは運動前に全身の血行をよくして筋肉を温めるために行います。体がスムーズに動いて力を十分に出せたり、ケガを予防できたりします。一方、クールダウンは体のつかれをとるために行います。運動後に血行をよくして、つかれの原因になる物質を体の外へ出すのです。
　このウォームアップやクールダウンにおすすめなのがおにごっこ。それに全身のストレッチを組み合わせれば、ばっちりです。

肩が回るとボール投げがじょうずになる

うでを360度回すことができるのは、肩の関節のおかげです。
ここをやわらかくすると、うでの動きが大きく、スムーズになります。

クロールの
ように

回すうでと逆の足を
前に出す

やってみよう

泳ぎマネ
ストレッチ

歩きながら、クロールや平泳ぎの動きをします。細かい動きは気にしなくていいので、肩を大きく動かすようにしましょう。

平泳ぎの
ように

肩の関節は、うでを自由自在に動かすのに重要な部分です。

肩の関節がやわらかい人は、うでを大きく動かすことができます。ボールを投げるときはもちろん、水泳で水をかいたり、バスケットボールでドリブルをするときにも実は肩の関節の動きが重要なのです。

ずっと悪い姿勢をとり続けると肩のまわりの筋肉がかたくなるので、ふだんから姿勢に気をつけることも大切です。

動画でも見てみよう！

このコードを読みこむと「泳ぎマネストレッチ」「ハサミ歩きストレッチ」を見ることができます。

およぎマネストレッチ ～クロールのように～

やってみよう

ハサミ歩きストレッチ

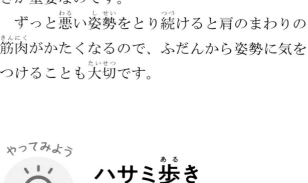

チョッ

1 ひじの先から外に開く

キン！

2 体の前で交差させる

ひじから上は体につけて動かさないまま、うでをハサミのように開いたり閉じたりしましょう。うでは左右どちらを上にして交差させてもかまいません。ゆっくり歩きながら行います。

胸や背中がよく動くと打つのがうまくなる

体をひねるときや、背中を曲げるときに動かしているのが胸・背中の関節です。やわらくすると、上半身を大きく使えるようになります。

1 体を曲げる

ごしごし

やってみよう

顔洗いストレッチ

洗面台で顔を洗うイメージで体を前に曲げます。大きく胸を開くように、うでを外に動かしながら体を反らします。できる人は、体の前でひじとひじをくっつけましょう。

2 体を反らす

ぱっ

もっとできる人はやってみよう！

キャット&ドッグ

キャット&ドッグ

ひざをついて四つんばいの姿勢になりましょう。背中を丸めたり、反らしたりする動きをゆっくりくり返します。

やってみよう

モデルウォーク
ストレッチ

モデルさんのように、腰に手を当てて、体をひねりながら歩きましょう。前に出したひじと反対の足を前に出します。腰から足が生えているイメージで、腰から大きく歩きます。

1 ひじを前に出して 1歩ふみ出す

2 交互に くり返して歩く

ボールを投げるときやラケットでボールを打つときなど、スポーツでは体をひねる運動が多くあります。このときに大切なのが、背骨の上部の胸・背中の関節です。体をひねれるのは、主にこの関節が左右に回るためです。

また、この関節は体を丸めたり反らしたりする動きや、体を横にたおす動きにもかかわります。胸・背中の関節をやわらかくすることで上半身を大きく使えるようになるので、運動もじょうずになっていきます。

動画でも見てみよう！

このコードを読みこむと「顔洗いストレッチ」「モデルウォークストレッチ」「キャット＆ドッグ」を見ることができます。

顔あらいストレッチ

足を大きく広げられると足が速くなる

足のつけ根がやわらかいと、足を大きく広げられるようになります。
走る動きはもちろん、サッカーのボールをける動きにも大切です。

足を大きく動かすときに重要なのが、足のつけ根にある股関節という部分です。

股関節がやわらかいと速く走れます。足が大きく広げられるので、1歩の歩はばが大きくなり、速く走ることができるのです。走る以外でも、ける動きにも股関節は大切な役割をはたしています。

こうしたストレッチもいいですし、ボルダリングのように足を大きく開くスポーツも、股関節をやわらかくするのに効果的です。

動画でも見てみよう！

このコードを読みこむと「おしり歩き」「モンキー歩きストレッチ」「トカゲストレッチ」を見ることができます。

おしり歩き

やってみよう

おしり歩き

おしりを使って歩きます。両足をのばしてゆかに座り、おしりをうまく持ち上げて、前に進みましょう。

やってみよう

モンキー歩きストレッチ

1 足を大きく開き、
うでを上げて上半身をたおす

2 ひざを曲げたまま
上半身をもどし、
足をそろえて横に進む

足を大きく開いて歩きましょう。何回か
くり返したら、逆方向にもどります。低い
姿勢のまま、うまく横に進めるかな?

やってみよう

トカゲストレッチ

1 うで立てふせの姿勢から
左手と右足を前に出す

2 右手と左足を前に出して
前進する

1と2の動きをくり返して、トカゲのよう
に歩きます。ひざを曲げて、足を大きく前に
出しましょう。足を広げたときに、グッと深
くしずみこみます。

ストレッチ

足首をやわらかくするとケガを防げる

足首は、走るときはもちろん、しゃがむとき、ジャンプするときにも使う大切な部分。やわらかくすると、足のケガ予防につながります。

かかと歩き・つま先歩き

つま先を上げてかかとだけで歩いたり、逆にかかとを上げてつま先で歩いたりしてみましょう。10m ほど歩けば十分です。

かかと歩き

正座パタパタストレッチ

正座をして、ひざを片方ずつ上下させてパタパタと動かします。手は後ろにつきます。すねがのびている感覚がありますか？

つま先歩き

足先が内側に向かないようにする

足首は360度くるくると回すことができるだけでなく、前後に曲げたり反らしたりする動きができます。「足首がかたい」というときには、たいてい、曲げたり反らしたりしづらいことをいいます。

足首の動きは足全体に関係しているので、足首の関節がやわらかくなると足全体を動かしやすくなります。足首がやわらかいと、ねんざなどの足首のケガを防げるのはもちろん、足全体のケガの予防にもつながります。

動画でも見てみよう！

このコードを読みこむと「かかと歩き・つま先歩き」「正座パタパタストレッチ」「しゃくとりむしストレッチ」を見ることができます。

かかと歩き・つま先歩き 〜かかと歩き〜

やってみよう

しゃくとりむし ストレッチ

1 うで立てふせの姿勢から両手をついたまま歩いていく

2 できるところまで足を両手に近づける

足だけ進んだあとは、手だけ前に進んでうで立てふせの姿勢にもどります。これをくり返すことで、しゃくとりむしのように前に進むことができます。ひざはできるだけのばしましょう。

すもうをテレビで見てみよう

年6回の「本場所（ほんばしょ）」をテレビで見たことはありますか？
遊（あそ）びですもうをとるときに、マネできそうなワザがないか見てみましょう。

行司（ぎょうじ）
審判役（しんぱんやく）。「軍配（ぐんばい）」で勝（か）った力士（りきし）を示（しめ）します。

― すもうのルール ―
・先に土俵（どひょう）から
出た人が負（ま）け
・先（さき）に体（からだ）のどこか
（足のうら以外（いがい））に
土がついた人が負け
・反則（はんそく）をしたら負け

土俵（どひょう）
すもうをとる場所（ばしょ）
のこと。土と小さな
俵（たわら）でできています。

関取（せきとり）	幕内（まくうち）	①横綱（よこづな）	
		②大関（おおぜき）	三役（さんやく）
		③関脇（せきわけ）	
		④小結（こむすび）	
		⑤前頭（まえがしら）	
	⑥十両（じゅうりょう）		

力士養成員（りきしようせいいん）
（⑦幕下（まくした） ⑧三段目（さんだんめ） ⑨序二段（じょにだん）
⑩序ノ口（じょのくち））

ここに注目（ちゅうもく）！

すもうのランキング表（ひょう）（番付表（ばんづけひょう））

すもうには「番付（ばんづけ）」という、いわゆる力士（りきし）のランキングを示（しめ）すものがあります。これを頭（あたま）に入れながら、取組（とりくみ）を見るとおもしろさが倍増（ばいぞう）するでしょう。

番付の順（じゅん）は右の表のとおりで、横綱（よこづな）が最高（さいこう）ランクです。十両（じゅうりょう）になると「関取（せきとり）」と呼（よ）ばれ、一人前（いちにんまえ）と認（みと）められます。

ここに注目！

すもうのワザ（決まり手）

　勝敗が決まったときのワザを決まり手といいます。投げワザ、かけワザなど、いろいろな種類があります。力士にはそれぞれ得意なワザがあるので、知っておくと観戦がおもしろくなります。勝敗が決まると、力士の名前とワザが発表されるので、よく聞いておきましょう。

相手より体が小さくても勝てるワザもあるみたい！

7つの基本ワザ

①突き出し
突っぱって相手を外に出す。

②突きたおし
突っぱって相手をたおす。

③押し出し
手で押して相手を外に出す。

④押したおし
手で押して相手をたおす。

⑤寄りきり
体を密着させて押し出す。

⑥寄りたおし
体を密着させて外へたおす。

⑦浴びせたおし
相手をつぶすようにたおす。

もっと知りたい

四つに組む
おたがいのまわしを持っている状態。

上手
四つに組んだときに上になるうで。

下手
四つに組んだときに下になるうで。

全巻共通さくいん

さくいんの見方　③ 40 …… 第 3 巻の 40 ページ。

●監修

遠山健太 （とぉやま・けんた）

株式会社ウィンゲート代表、一般社団法人健康ニッポン代表理事。
1974 年アメリカ・ニューヨーク州生まれ。ワシントン州立大学教育学部卒業。東海大学男子バスケットボール部フィジカルコーチ、国立スポーツ科学センタートレーニング指導員（非常勤）、全日本スキー連盟フリースタイルチームフィジカルコーチなどを歴任。子どもの運動教室「ウィンゲートキッズ」「リトルアスリートクラブ」の運営のほか、保護者や小学校の教員向けの特別講演なども行う。著書に『スポーツ子育て論』（アスキー新書）など多数。

●動画撮影協力　山田義基（株式会社ウィンゲート）

●参考文献

湯浅景元監修『運動が得意になる！　体育のコツ絵事典　かけっこから鉄ぼう・球技まで』（PHP 研究所）
遠山健太著『運動できる子、できない子は 6 歳までに決まる！』（PHP 研究所）
照英著『親子で運動会を勝ちにいく』（岩崎書店）
『コーチングクリニック 2013 年 1 月号』遠山健太著「もっと新体力テストを活用しよう」（ベースボール・マガジン社）
文部科学省『小学校体育（運動領域）まるわかりハンドブック』
文部科学省『新体力テスト実施要項（6 〜 11 歳対象)』
平尾 剛監修『たのしいうんどう』（朝日新聞出版）
遠山健太監修『目的別・全 75 ポーズ　ストレッチの基本』（エイ出版社）
遠山健太著『わが子の運動神経がどんどんよくなる本』（学研プラス）

デザイン	OKAPPA DESIGN	動画撮影編集	柴泉 寛、殿村忠博
イラスト	たけなみゆうこ、中村知史	編集協力	オフィス 201（新保寛子、山田理絵)、柄川昭彦
校正	渡邉郁夫		

きみも体育がすきになる①
遊びながら身につける 運動の基本、ストレッチ

2020 年 9 月 30 日　第 1 刷発行

監修	遠山健太
発行者	岩崎弘明
発行所	株式会社岩崎書店
	〒 112-0005　東京都文京区水道 1-9-2
印刷所	三美印刷株式会社
製本所	大村製本株式会社
電話	03-3812-9131（営業）　03-3813-5526（編集）
振替	00170-5-96822

NDC780
48p　29cm × 22cm
Published by IWASAKI Publishing Co.,Ltd. Printed in Japan
©2020 Office201
ISBN 978-4-265-08821-8

きみも体育がすきになる 全**4**巻

監修 遠山健太

1 遊びながら身につける 運動の基本、ストレッチ

2 初めてでもできる！ ダンス、球技

3 もっと速くもっと遠く！ 走る、泳ぐ

4 もうこわくない！ なわとび、とび箱、てつぼう、マット運動

岩崎書店